I0709820

TRADING IN TASCA

LA TUA GUIDA VELOCE PER DOMINARE I MERCATI

Un manuale di:

VINCENZO PASSARELLO

RAFFAELE DE LEO

Prefazione a cura di:

MAGDY HASSAN FAYED

La finanza, e in particolare il trading online, è un mondo che può apparire complesso e spesso imperscrutabile a chi si avvicina per la prima volta. Negli ultimi 9 anni della mia carriera, ho imparato che il vero successo in questo settore non deriva solo dall'abilità tecnica o dalla capacità di eseguire operazioni rapide, ma piuttosto dalla capacità di comprendere il contesto in cui queste operazioni avvengono. Le decisioni finanziarie devono essere radicate in una solida comprensione dei dati macroeconomici e delle forze globali che muovono i mercati.

Questo libro, scritto da un gruppo di miei studenti, rappresenta un passo avanti nell'educazione finanziaria. Non è solo una raccolta di nozioni tecniche, ma una riflessione più ampia su come l'analisi fondamentale possa trasformare l'approccio di un trader, spingendolo a guardare oltre il breve termine e a sviluppare una visione strategica. Nel corso del loro percorso, questi autori hanno compreso e messo in pratica ciò che spesso viene trascurato da molti: **la contestualizzazione dei dati macroeconomici** è essenziale per avere successo nei mercati finanziari.

Il trading online è troppo spesso visto come un'attività speculativa, dove il tempismo è tutto. Ma chi opera con questa mentalità si trova inevitabilmente ad affrontare risultati altalenanti, se non addirittura fallimentari. **L'analisi fondamentale** si concentra su qualcosa di molto più solido: l'analisi dei dati economici, delle politiche monetarie, delle condizioni globali e delle dinamiche settoriali. I dati macroeconomici forniscono una bussola per navigare in mercati volatili e complessi come quelli in cui operiamo quotidianamente.

Per questo motivo, ho sempre enfatizzato l'importanza di comprendere a fondo l'economia globale e il suo impatto sui mercati. I miei studenti, in questo senso, hanno dimostrato una crescita operativa e mentale straordinaria, abbracciando pienamente questo approccio. Attraverso lo studio dei dati macro, hanno sviluppato un mindset orientato alla lungimiranza e alla disciplina, e ora, con questo libro, desiderano condividere il frutto del loro lavoro e delle loro esperienze con il lettore.

La contestualizzazione dei dati macroeconomici è il cuore pulsante di una strategia di trading di successo. Ogni evento economico, politico o sociale ha un impatto sui mercati, e saper interpretare questi eventi permette di sviluppare un vantaggio competitivo rispetto a chi opera alla cieca o seguendo mode passeggere. Come ho appreso durante i miei anni di esperienza nel trading, in qualità di CEO e fondatore di **Forex Gump SRL**, la capacità di contestualizzare informazioni macro è una delle competenze più preziose che un trader possa sviluppare.

Ho fondato Forex Gump con l'obiettivo di offrire una **formazione finanziaria innovativa**, capace di unire teoria e pratica in un ambiente di apprendimento dinamico. La mia visione era quella di fornire a chiunque gli strumenti per comprendere e navigare nei mercati finanziari con consapevolezza e responsabilità. Ho sempre creduto che il trading non sia un semplice gioco d'azzardo o un'attività riservata a pochi eletti, ma una disciplina che può essere appresa, praticata e perfezionata, a patto di adottare un approccio metodico e fondato su solide basi economiche. **La formazione è stata il pilastro del mio successo personale** e l'educazione che ho fornito attraverso Forex Gump ha permesso a centinaia di studenti di fare lo stesso, trasformando il trading in un vero mestiere.

Questa filosofia ha permeato ogni aspetto della mia carriera, inclusa la mia presenza come membro del **Forbes Finance Council** nel 2024, un riconoscimento che ha sigillato il mio impegno a promuovere una visione etica e trasparente della finanza. Ma la mia soddisfazione più grande rimane sempre quella di vedere i miei studenti crescere e riuscire, come testimoniato dai risultati concreti che essi hanno ottenuto e che ora condividono attraverso questo libro.

Gli autori che hanno contribuito a questo testo hanno tutti intrapreso un percorso significativo, caratterizzato da sfide e successi, ma soprattutto dalla volontà di migliorarsi costantemente. Sono la dimostrazione vivente che con dedizione e una corretta comprensione dei mercati, ogni aspirante trader può ottenere risultati concreti. In questo libro, non solo troverai spiegazioni dettagliate su come leggere e interpretare i principali dati macroeconomici, ma anche esempi pratici su come applicarli nel contesto del **trading online**.

L'analisi fondamentale, spesso considerata troppo complessa o lontana dalla realtà quotidiana del trader, viene qui resa accessibile e comprensibile, grazie all'approccio pragmatico e chiaro che questi autori hanno saputo adottare. L'obiettivo non è solo fornire informazioni, ma aiutare il lettore a sviluppare una **mentalità da trader professionista**, capace di leggere i mercati in modo critico e di prendere decisioni informate e responsabili. La formazione di un trader completo passa necessariamente attraverso la comprensione dei fondamentali economici, ed è proprio questo che questo libro intende insegnare.

Uno degli aspetti più importanti che ho imparato nel corso della mia carriera è che il trading non è mai statico. I mercati finanziari si evolvono continuamente, influenzati da eventi geopolitici, crisi economiche e nuove politiche monetarie. In questo contesto, l'educazione non può essere considerata un traguardo, ma piuttosto un processo in continua evoluzione. Così come ho dovuto adattarmi alle trasformazioni del mercato globale, ho sempre incoraggiato i miei studenti a fare lo stesso, promuovendo una mentalità aperta e flessibile. **L'analisi fondamentale**, trattata in modo approfondito in questo libro, è lo strumento che consente di mantenere una visione d'insieme e di reagire prontamente a qualsiasi cambiamento. Come ho spiegato anche nel mio libro, divenuto presto Bestseller *"Stop Loss: Basta Perdere"*, il successo nel trading non si raggiunge semplicemente attraverso strategie veloci o scorciatoie, ma richiede la capacità di analizzare in profondità i mercati e di adottare un approccio disciplinato. La gestione del rischio, la comprensione dei dati macroeconomici e lo sviluppo di un mindset solido sono elementi che ho sempre ritenuto fondamentali, e sono gli stessi principi che troverai anche in questo testo. Il trading di successo si basa sulla capacità di apprendere continuamente e di applicare le conoscenze in maniera dinamica. Questo libro rappresenta un primo passo in questa direzione, ma è solo l'inizio di un lungo percorso di crescita e affinamento delle proprie abilità come trader.

Il mio augurio è che questo testo possa rappresentare un punto di svolta nel tuo percorso di trader, così come lo è stato per coloro che lo hanno scritto. Lasciati ispirare dalle loro storie, apprendi dai loro esempi, e ricorda sempre che il trading non è solo un'attività tecnica: è un processo di crescita continua, una sfida personale che richiede **disciplina, conoscenza e consapevolezza.** Con l'approccio giusto, puoi trasformare questa sfida in un'opportunità di successo, esattamente come hanno fatto questi autori.

Buona lettura e buon trading!

Magdy Hassan Fayed

Founder & CEO di Forex Gump SRL

Indice

Iniziamo...

1. NOZIONI DI MACROECONOMIA

Prima di inoltrarci nel mondo del Forex, è fondamentale riassumere alcuni argomenti economici. Renderemo il tutto più intuitivo, procedendo con un metodo a "botta e risposta".

1.1 Che cosa si intende per Macroeconomia?

La macroeconomia, con finalità pratiche, deve essere in grado di fornire ai responsabili della politica economica strumenti di indagine e di previsione. Questi metodi di analisi devono permettere di intervenire efficacemente sulle principali variabili economiche e di ridurre al minimo eventi negativi come crisi finanziarie e recessioni.

*Il rapporto tra **Macroeconomia** e **CFD** è fondamentale per comprendere i mercati finanziari e prendere decisioni consapevoli, basate su informazioni attendibili.*

La macroeconomia studia l'economia nel suo insieme (Indicatori economici, politiche monetarie e situazioni geopolitiche), valutando la salute di un paese o dell'intero globo. Essa fornisce una panoramica più ampia delle forze che influenzano i prezzi degli asset sottostanti.

I CFD (Contract For Difference) sono strumenti finanziari derivati che consentono di trarre profitto dalle variazioni dei prezzi di un'ampia gamma di asset. Il trader, quando apre ad esempio una posizione in *buy* su un asset, otterrà un guadagno grazie all'aumento del prezzo. Viceversa, aprendo una posizione in *sell* si riceverà un compenso nel caso di una diminuzione del prezzo.

L'analisi macroeconomica influisce nel trading dei CFD in diversi modi, tramite:

- Gli indicatori economici, come il PIL.

- La politica monetaria, come i Tassi d'interesse.

- Eventi geopolitici, come tensioni commerciali internazionali.

2. I PROBLEMI DELLA MACROECONOMIA

Esistono 3 principali "problematiche" di cui si occupa l'analisi macroeconomica, analizziamoli un po' più da vicino...

Quali sono?

1. Andamento dei prezzi *(Inflazione, deflazione, stagflazione).*
2. Disoccupazione *(e piena occupazione).*
3. Crescita economica.

2.2 Andamento dei prezzi

Inflazione:

Indica l'aumento generale e costante del prezzo dei prodotti e dei servizi. Si tratta essenzialmente della diminuzione del potere d'acquisto della moneta. L'indice di misura dell'inflazione è l'*IPC* (*indice dei prezzi al consumo*).

Le cause che portano all'inflazione, possono essere:

- *Domanda squilibrata:* la richiesta sproporzionata di un bene, comporta l'aumento di prezzo del medesimo. Possiamo ritrovarla sia nel consumo di beni, come materiali o servizi, sia in termini di investimenti.

- *Costi di produzione:* l'aumento di costi può derivare dall'aumento di prezzo di materie prime o della produzione degli stessi. Ne consegue, l'aumento del costo del bene finale.

- *Monetaria:* l'aumento della quantità di denaro in circolazione rispetto alla produzione di beni e servizi. Maggiore è l'aumento di moneta, minore sarà il suo valore. Rivedremo nel dettaglio questa tipologia, parlando di *tassi di interesse.*

Deflazione:

La deflazione, opposta all'inflazione, è caratterizzata da una diminuzione generale e costante dei prezzi (di beni e/o servizi), che comporta un aumento del potere d'acquisto della moneta. Questo può portare a una spirale discendente, in quanto i consumatori e le imprese tendono a **ritardare gli acquisti**, con l'aspettativa di un'ulteriore riduzione dei prezzi.

Le cause che portano alla deflazione, possono essere:

- ***Riduzione della domanda:*** viceversa a quanto visto con l'inflazione, la riduzione della domanda comporta la riduzione del prezzo dei beni stessi, stimolando il possibile acquirente.

- ***Eccesso di capacità produttiva:*** un eccesso di capacità produttiva, potrebbe incentivare le aziende ad abbassare i prezzi per competere fra di esse.

- ***Debito eccessivo:*** un debito pubblico eccessivo può comportare la diminuzione dei prezzi di beni o servizi; rapportabile al debito del singolo cittadino, il quale risparmierà a sua volta sul costo della vita.

Stagflazione:

Si parla di stagflazione, quando si verificano contemporaneamente **inflazione e stagnazione**, *di seguito spiegata*, anche intesa come aumento della disoccupazione. In pratica abbiamo un aumento dei prezzi accompagnato da una crescita economica stagnante o negativa. Essa è particolarmente problematica, perché le politiche tradizionali potrebbero radicare maggiormente la stagnazione.

Le cause possono essere:

- ***Shock di domanda:*** un aumento improvviso della domanda in un'economia stagnante non si traduce in una crescita sostenibile.

- ***Shock di offerta:*** un aumento dei prezzi delle materie prime o problemi nella produzione possono causare inflazione ma, se l'economia non reagisce adeguatamente, si può verificare stagnazione.

- ***Politiche economiche inadeguate:*** misure economiche sbagliate o politiche fiscali mal concepite, possono contribuire a uno scenario di stagnazione.

2.2 La disoccupazione

La disoccupazione indica la mancanza di occupazione per coloro disposti a lavorare, misurata tramite il *tasso di disoccupazione*. È una sfida cruciale per gli economisti, per tre principali motivazioni:

- Il disoccupato è una persona che potrebbe e vorrebbe lavorare ma non trova lavoro e, comprensibilmente subisce una condizione di malessere psicologico, oltre che materiale.

- Rappresenta uno spreco per il sistema economico perché si potrebbe produrre di più. Si tratta quindi di una *forza-lavoro* non impiegata, la quale sarebbe disposta a impegnarsi professionalmente.

- Il disoccupato spesso non possiede altri redditi da cui attingere: si trova in una situazione economica precaria. Di conseguenza, sarà costretto a ridurre i suoi consumi e quelli della sua famiglia.

Esistono 4 tipi di disoccupazione:

1. **Disoccupazione frizionale:** si verifica quando esiste uno scarto di tempo fra la perdita di un precedente posto di lavoro e una nuova assunzione, si tratta della manifestazione delle inevitabili frizioni fra domanda e offerta di lavoro.

2. **Disoccupazione strutturale:** è quella derivante da una mancata coincidenza fra le competenze professionali dei lavoratori e le esigenze dei datori di lavoro: la domanda quindi non coincide con l'offerta.

3. **Disoccupazione tecnologica:** si verifica quando vengono introdotte nel sistema produttivo, tecnologie che consentano al datore di lavoro un risparmio sul numero di dipendenti da impiegare. Importante e attuale da citare è sicuramente l'IA (Intelligenza Artificiale), la quale potrebbe influire anche su una branca di lavori che non sono ancora stati intaccati dalle *nuove* tecnologie.

4. **Disoccupazione ciclica:** si verifica quando la produzione complessiva diminuisce a causa di una riduzione della domanda di beni e servizi da parte dei consumatori. Un esempio di ciò si verifica quando un sistema economico entra in recessione, una delle fasi del ciclo economico da cui prende il nome.

Parlando di disoccupazione, è importante, trattando di macroeconomia, citare la *piena occupazione.* La quale, si verifica quando tutte le persone disposte a lavorare, trovano un impiego. Al contrario di quanto si possa pensare, anche questi casi di stabilità influiscono fortemente sull'economia, in quanto innescano diverse problematiche, come inflazione e aumento dei costi di produzione.

2.3 La crescita economica

A differenza di quanto il termine stesso "crescita" economica ci suggerisca, con tale definizione si intende l'andamento, positivo o negativo, dell'economia.

La crescita economica *positiva* di un Paese si verifica quando aumenta la produzione di beni e servizi a disposizione di una comunità in un dato lasso di tempo.

Per quantificare la crescita o decrescita economica, occorre trovare un'unità di misura adeguata: il PIL. Il Prodotto Interno Lordo è definito come il valore monetario di tutti i beni e servizi finali prodotti in un determinato periodo di tempo e in una specifica area

Recessione e *stagnazione* sono riferiti a situazioni di crescita economica *negativa*, in cui l'attività economica di un paese è compromessa. Costituiscono quindi differenze e impatti significativi sull'economia e sulla società.

- **Recessione:**

  Rappresenta un periodo di significativo **calo dell'attività economica,** caratterizzata da una **riduzione del PIL.**

  Durante una recessione si verifica un effetto a catena: le ridotte attività economiche possono portare a gravi ripercussioni sulla società. I governi tendono infatti ad attuare tagli fiscali o aumenti della spesa pubblica per cercare di rilanciare l'economia e favorire la spesa. I mercati azionari al contrario, subiscono grandi vendite, offrendo la possibilità di acquistare azioni a prezzi ridotti in vista di una futura ripresa.

Si ha una recessione quando:

1. Il PIL diminuisce per almeno 2 trimestri consecutivi.
2. Il consumo, gli investimenti e la produzione diminuiscono.
3. Il tasso di disoccupazione aumenta.

Questi tre eventi sono interconnessi in una sorta di "effetto domino": il primo innesca il secondo, che a sua volta determina il verificarsi del successivo.

La recessione è innescata da:

1. Contrazione del credito e shock esterni (come crisi finanziarie).
2. Tensioni commerciali e politiche economiche inefficaci.

- **Stagnazione:**

  Si riferisce a una situazione di **crescita economica molto lenta** o addirittura inesistente. La stagnazione può persistere per periodi prolungati, la quale può portare a una diminuzione della fiducia delle imprese e dei consumatori, e può richiedere l'utilizzo di strategie economiche più sofisticate per superarla.

  Durante una fase di stagnazione, i trader posso cercare asset più stabili o strategie che sfruttano la lateralità dei mercati.

Si ha una stagnazione quando:

1. C'è una mancanza di dinamismo e di opportunità di crescita.
2. I tassi d'investimento possono essere bassi a causa dell'incertezza, in quanto la stagnazione non garantisce delle prospettive attendibili.
3. I tassi di occupazione possono rimanere alti o diminuire molto lentamente.
4. L'inflazione può essere bassa o avvicinarsi alla deflazione.

Può essere causata da:

1. Cambiamenti strutturali nell'economia e fattori esterni come eventi internazionali.
2. Politiche economiche inefficaci.

3. POLITICA FISCALE E MONETARIA

3.1 In che modo le istituzioni possono intervenire?

Le grandi istituzioni come le banche centrali, possono attuare politiche monetarie. Mentre, i governi possono adottare politiche fiscali.

La politica fiscale è costituita da quell'insieme di strumenti che consentono di modificare il tessuto economico attraverso un aumento o una riduzione dell'intervento pubblico nell'economia. Realisticamente parlando, si tratta di come le grandi istituzioni decidano di impiegare il denaro pubblico, oltre a interventi sulla tassazione (come tagli o rincari).

Si dividono in:

- **Politica fiscale restrittiva:**

  In casi di elevata inflazione, si adottano politiche come la riduzione della spesa pubblica o aumento del carico fiscale, volte al taglio della quantità di moneta in circolazione.

- **Politica fiscale espansiva:**

  Viceversa, in situazioni di recessione o stagnazione, si attuano politiche come l'aumento della spesa pubblica o riduzione del carico fiscale, volte all'incremento della quantità di moneta in circolazione. Con tali manovre, si incentiva il potere di acquisto, lasciando al privato maggior disponibilità economica.

Le politiche monetarie si traducono nell'aumento o nella riduzione dell'offerta di denaro da parte delle autorità monetarie per modificare le dinamiche del sistema economico.

La banca centrale può sfruttare le politiche monetarie mediante 4 principali manovre per l'ampliamento (*politica monetaria espansiva*) o la contrazione (*politica monetaria restrittiva*) della crescita economica.

Capiamone il funzionamento:

1. ***La manovra sul tasso di sconto:*** quando le banche commerciali sono a corto di riserve, possono contrarre prestiti dalla banca centrale. Il tasso di sconto è il tasso di interesse che quest'ultima applica sul denaro concesso agli istituti di credito.

2. ***Manovra su tassi d'interesse nominali:*** Questo tasso rappresenta il costo ufficiale del denaro e influenza i tassi di interesse per prestiti e depositi bancari nell'economia. Le banche centrali utilizzano il tasso nominale come strumento di politica monetaria per controllare l'inflazione, stimolare o frenare l'attività economica e mantenere la stabilità finanziaria.

3. ***Le operazioni sul mercato aperto:*** sono uno strumento utilizzato dalle banche centrali per influenzare la liquidità e i tassi di interesse nell'economia. In queste operazioni, la banca centrale acquista o vende titoli di stato sul mercato aperto.

4. ***La manovra sulla riserva obbligatoria:*** Le banche centrali impongono alle banche commerciali di mantenere una determinata percentuale dei depositi dei clienti come riserva presso la banca centrale stessa. Quando la banca centrale aumenta il requisito di riserva obbligatoria, le banche commerciali sono costrette a trattenere una maggiore percentuale dei loro depositi presso la banca centrale, riducendo la quantità di denaro disponibile per i prestiti e riducendo la liquidità nell'economia.

Appresi i meccanismi delle principali manovre, comprendiamo adesso la divisione delle politiche monetarie in: *restrittive* e *espansive*.

- **Politica monetaria restrittiva**

  Si tratta di una strategia utilizzata per contrastare l'inflazione eccessiva o altri squilibri dell'economia.

  Tale politica prevede:

  1. **Tasso di sconto:** Vengono attuate dalla banca centrale manovre in favore di banche commerciali, inficiando sul tasso di sconto, ovvero *aumentando gli interessi* con cui le prime prestano denaro alle seconde.

  2. **Tasso di interesse:** Manovre sul tasso d'interesse nominale, il quale viene sancito dalla banca centrale. In questa casistica, vengono *aumentati* tali tassi di interesse.

  3. **Operazioni sul mercato aperto:** La banca centrale *vende* titoli di stato o altri asset sul mercato aperto. A differenza delle due precedenti manovre, la corrente operazione influisce sull'economia reale sia sul privato cittadino che sulle istituzioni finanziarie.

  4. **Riserva bancaria obbligatoria:** La banca centrale attua manovre sulla riserva bancaria obbligatoria, *incrementando* la quota obbligatoria versata dalle banche commerciali. Quest'ultime di conseguenza, aumenteranno a loro volta i tassi di interesse su mutui, finanziamenti o prestiti.

Ricapitolando, queste manovre rendono più costoso per le banche, imprese e privati ottenere liquidità. In generale, la politica monetaria restrittiva può avere l'effetto di rallentare la crescita economica e aumentare la disoccupazione. Tuttavia, può essere necessaria per prevenire l'inflazione e mantenere la stabilità dell'economia a lungo termine.

- **Politica monetaria espansiva**

  Si tratta di una strategia adottata per stimolare l'economia di un paese.

  Tale politica prevede:

  1. **Tasso di sconto:** Le manovre attuate dalla banca centrale, nella casistica di politica espansiva, sono favorevoli alle banche commerciali, *diminuendo* gli interessi sul tasso di sconto.

  2. **Tasso di interesse nominale:** In questa casistica, vengono *diminuiti* tali tassi di interesse.

  3. **Operazioni sul mercato aperto:** La banca centrale *acquista* titoli di stato o altri asset sul mercato aperto.

  4. **Riserva bancaria obbligatoria:** La banca centrale *decrementa* la quota obbligatoria versata dalle banche commerciali. Quest'ultime di conseguenza, ridurranno a loro volta i tassi di interesse su mutui, finanziamenti o prestiti.

Queste misure hanno l'obiettivo di stimolare l'economia, aumentare la produzione e ridurre la disoccupazione. Solitamente è adottata in periodi di recessione o di stagnazione, quando le altre politiche (come quella fiscale) non sono sufficienti a stimolare l'economia.

4. LA MONETA

4.1 Cosa si intende per moneta?

La moneta è un mezzo di scambio accettato in una determinata area geografica o comunità, utilizzato per facilitare le transazioni commerciali. Può assumere forme fisiche, come banconote e monete, o essere rappresentata digitalmente, come criptovalute e carte di credito. La sua funzione principale è quella di agevolare lo scambio di beni e servizi, fungendo da unità di conto, mezzo di scambio e riserva di valore.

4.2 I tipi di moneta

- **Moneta merce** (oro o argento): rappresentano nella società odierna i cosiddetti *"beni di rifugio"*, ovvero dei mezzi di valore che non vengono influenzati tanto quanto le altre tipologia di moneta. Anche in situazioni di crisi finanziarie globali, la moneta merce rappresenta un *porto sicuro* al quale aggrapparsi: il suo valore tende a rimanere stabile o ad aumentare nei periodi globalmente riconosciuti come negativi (esempio: guerre, pandemie).

- **Moneta cartacea:** rappresenta il mezzo di pagamento più comune ed utilizzato; viene emessa dalla banca centrale.

- **Moneta bancaria:** come assegni o carte di credito, i quali vengono gestiti dalle banche, che forniscono un metodo di pagamento funzionante solo se supportato da un deposito bancario che ne garantisca la copertura.

5. IL MERCATO FOREX... E TERMINOLOGIE

*Bene! Adesso che abbiamo riassunto alcune nozioni base, possiamo parlate del mercato **Forex**: che cos'è e come si muove?*

Partiamo introducendo e spiegando alcuni termini chiave che ci accompagneranno durante tutto il percorso.

5.1 Che cos'è il Forex?

È il mercato **valutario**, ovvero il mercato **dove si vendono e comprano valute.**

Esempio 1:

Il cambio EUR/USD è quotato a 1,10. Questo significa che ci vogliono 1,10 dollari statunitensi per comprare 1 euro.

EURUSD è il dato certo, ovvero 1, e EURUSD è il dato incerto, ovvero quello che varia. Quindi, alla vendita di una valuta corrisponde l'acquisto di un'altra valuta, creando così il mercato FOREX (*Foreign Exchange*).

5.2 Caratteristiche del mercato Forex

Spread:

Si riferisce alla differenza tra il prezzo di acquisto (chiamato "*bid*" o "*offerta*") e il prezzo di vendita (chiamato "*ask*" o "*domanda*") di una coppia di valute. Questi rappresenta il guadagno del broker, ossia l'intermediario che vi offre la possibilità di operare, di vendere e comprare valute.

Cambio Spot:

Quando si compra una valuta estera, a prescindere che la si acquisti da un ufficio cambi o dalla banca, ci si vede applicato il cosiddetto *"cambio spot"* (vedi Esempio 1), ovvero il prezzo di mercato corrente al quale è possibile acquistare o vendere una valuta rispetto ad un'altra.

Tick:

È il movimento minimo di prezzo che c'è su **una valuta** (ad esempio USD oppure EUR, così come XAU) e **non** su una coppia di valute, dove è tale movimento è definito (Pips).

Pips:

È la misura delle variazioni nel trading Forex, utilizzata per definire la differenza di valore tra due valute. L'acronimo inglese *pip* corrisponde a "point in percentage" (punto percentuale).

Esempio 2:

Se avessi inserito una posizione in buy su **EUR/USD** e il mercato fosse passato da 1,2573 a 1,2578, avresti guadagnato 5 pip, traendo profitto dall'aumento.

Viceversa, se il mercato si fosse mosso in senso inverso, scendendo di 5 pip, da 1,2573 a 1,2568, la posizione avrebbe registrato una perdita.

Se consideriamo la coppia valutaria USD/JPY che presenta solo 2 posti dopo la virgola, il passaggio da 120,01 a 120,02 sarebbe una variazione di un solo pip.

Supponiamo che tu decida di inserire una posizione in *buy* su questa coppia e che il prezzo cresca da 120,00 a 120,08. Il mercato ha quindi subito una variazione di 8 pip e la tua posizione ne trarrebbe profitto.

Analogamente, se volessimo calcolare i pips su XAU/USD, il passaggio da 1000,45 a 1000,46 avresti guadagnato 1 pip, e nel passaggio da 1000,45 a 1001,45 avresti guadagnato 100 pips.

5.3 I *Market Mover*

I *Market Mover* sono quei fattori, come dati economici, eventi politici e sentimenti psicologici, che influenzano significativamente il trading e determinano le variazioni dei prezzi sui mercati finanziari. Fondamentalmente, le quotazioni sono stabilite dall'incontro tra domanda e offerta.

Quando si parla di Market Mover, non si possono ignorare le fluttuazioni che essi provocano. Le fluttuazioni sono influenze dinamiche sui prezzi dei mercati finanziari.

Immagina una barca a vela: i Market Mover sono come il vento, che può soffiare forte o piano, da diverse direzioni, mentre le fluttuazioni dei prezzi sono come la vela della barca, che si muove e cambia direzione in risposta al vento. Il vento, nel nostro caso, potrebbe essere un importante annuncio economico; mentre il movimento della vela rappresenterebbe l'oscillazione del mercato.

Più approfonditamente, le *fluttuazioni* sono dovute ai cosiddetti "*Market Mover*", come:

- **PIL** (Prodotto Interno Lordo)

  Come accennato in precedenza, il Prodotto Interno Lordo sta ad indicare il livello di produzione di un determinato Stato. In base ai risultati della suddetta produzione, una nazione risulterà più o meno in salute, con una decisa influenza anche sulla propria moneta.

- **IPC** (Indice dei Prezzi al Consumo)

  L'IPC sta ad indicare i livelli di inflazione di un determinato Stato, prendendo in considerazione l'entità dei salari, la parte di popolazione che partecipa attivamente al consumo e il numero di disoccupati. Ne deriva che anch'esso rappresenti un dato che può indicare il livello di crescita economica di una nazione, rilevante per capire e prevedere il valore di una moneta.

- *Tasso occupazionale*

  Le statistiche sul lavoro e sulla disoccupazione sono fondamentali per valutare la crescita economica di un determinato Paese. Di conseguenza, si tratta di notizie molto seguite perché possono influenzare fortemente il valore di una valuta.

- *Decisioni Banche Centrali* (Tassi d'interesse):

  Si tratta di valori fissi stabiliti dalle banche centrali a seguito di importanti riunioni sulla politica monetaria da adottare in un determinato Paese. Tiene presente che questi valori influenzano in modo ponderoso le monete dei vari Stati.

6. GLI STRUMENTI DEL TRADER

Tutti questi dati ed eventi macroeconomici, vanno monitorati su siti e notiziari economici/finanziari, applicazioni, Watchlist e il nostro caro **calendario economico.**

6.1 Il calendario economico

Partiamo dal calendario economico: la quotazione di una valuta dipende principalmente dagli eventi economici e politici che lo riguardano, ovvero che interessano il Paese di provenienza della moneta stessa.

Il calendario economico quindi rappresenta lo strumento per eccellenza del trader, nel quale vengono riportati tutti gli eventi e i dati macroeconomici che in qualche modo possono condizionare i mercati finanziari.

Suddivisione:

Per ogni notizia verranno riportate una serie di informazioni chiave. Chiaramente, i dati raccolti sono in ordine cronologico e possono essere filtrati a nostro piacimento, ad esempio in ordine di: data, nazioni interessate e importanza delle notizie.

Potrai capire l'importanza di una notizia, quali valute saranno interessate da particolari eventi nell'immediato o in un futuro prossimo, ma soprattutto sarai in grado di conoscere in anticipo le previsioni degli analisti, ovvero operare cercando di sfruttare un determinato sentimento di mercato.

Parti fondamentali:

La colonna delle previsioni e l'orario di pubblicazione sono le due parti principali del nostro calendario. Circa un'ora prima della pubblicazione del dato avvengono le maggiori fluttuazioni nelle coppie di valute influenzate dalla notizia

7. CORRELAZIONI

7.1 Che cos'è una correlazione

Come ci suggerisce il medesimo termine *correlazione,* questa indica il rapporto tra due o più variabili, come ad esempio: valute e materie prime.

Le correlazioni possono venirci in soccorso, in quanto il primo termine di paragone ne influenza il successivo, in modo direttamente proporzionale o inversamente proporzionale.

Bisogna sottolineare il fatto che le correlazioni non siano delle nozioni fisse, dal momento in cui vengono influenzate dalla macroeconomia che le circonda e non solo.

Esempio 3:

Prendiamo in esame la casistica Dollaro–Petrolio: **USD e WTI** sono correlati **negativamente**. Questo significa che al salire del valore del primo, diminuirà il valore del secondo.

Il petrolio è quotato in Dollari USD e questo influisce notevolmente sul commercio internazionale del Petrolio:

- Se USD aumenta, con la stessa somma di denaro è possibile acquistare una maggiore quantità di WTI e il suo prezzo scende.

- Se USD viceversa diminuisce, è necessario pagare una somma maggiore di dollari per acquistare la stessa quantità di WTI, così il prezzo sale.

Viceversa, esaminiamo la correlazione Petrolio – Sterlina: la correlazione tra **WTI** e **GBP** è **positiva**. Il motivo risiede nell'economia dell'Inghilterra stessa, in quanto rappresenta uno dei principali esportatori e produttori di energie, come per l'appunto il petrolio.

- Se WTI aumenta il suo valore, a beneficiarne saranno Paesi come l'Inghilterra e, di conseguenza, aumenterà di valore anche la medesima GBP.

- Se viceversa WTI diminuisce, anche la valuta stessa andrà a risentirne: GBP si abbasserà di valore.

7.2 Le correlazioni nel mondo Forex

Nel mercato Forex, le correlazioni si riferiscono alla relazione tra le *fluttuazioni* dei prezzi di diverse *coppie di valute*. Queste correlazioni possono cambiare nel tempo e possono essere:

- **Correlazione positiva:** Due coppie di valute si muovono nella stessa direzione. Ad esempio, se l'EUR/USD e l'AUD/USD si muovono entrambe al rialzo, si può dire che queste due coppie hanno una correlazione positiva.

- **Correlazione negativa:** Due coppie di valute si muovono in direzioni opposte. Ad esempio, se l'EUR/USD si muove al rialzo e l'USD/CHF si muove al ribasso, si può dire che queste due coppie hanno una correlazione negativa, poiché l'USD è la valuta di base in entrambe le coppie, ma le loro direzioni sono opposte.

- **Correlazione neutra:** Le due coppie di valute non hanno una relazione diretta tra loro e si muovono in modo indipendente.

Le correlazioni nel Forex possono essere utilizzate dagli operatori per diversificare il rischio, per confermare segnali di trading o per sviluppare strategie di copertura.

Esempio 4:

Se un trader nota una forte correlazione positiva tra EUR/USD e GBP/USD e riceve un segnale di acquisto sull'EUR/USD, potrebbe decidere di prendere una posizione long anche sull'GBP/USD per confermare il segnale.

9. GLI INDICATORI ECONOMICI

*Ok, abbiamo parlato di: macroeconomia, introduzione al Forex, calendari economici, correlazioni ecc. Ma, entrando in merito alla questione: quali sono i principali Market Mover che portano il prezzo di una coppia ad oscillare **significativamente,** come dicevamo prima?*

Prima di affrontarli, ecco delle nozioni utili alla comprensione:

Economia reale e mercato speculativo:

Come prima cosa, introduciamo la differenza tra **economia reale** e **mercato speculativo.** Il primo riguarda la produzione, distribuzione e consumo di beni e servizi tangibili, che influenzano direttamente la vita quotidiana delle persone. Il secondo, invece, si riferisce alle attività di compravendita di titoli e strumenti finanziari, spesso con l'obiettivo di ottenere profitti rapidi piuttosto che investire in beni e servizi concreti.

Date di pubblicazione:

Parlando invece di *date di pubblicazione*, ci riferiamo al momento in cui un determinato dato dell'indicatore economico viene reso disponibile sul calendario economico. Questi dati vengono generalmente rilasciati da istituzioni come le banche centrali o da enti statistici come l'ISTAT.

È importante tenere a mente che, dal momento della pubblicazione del dato, inizieranno le fluttuazioni causate dai Market Mover precedentemente menzionati, che influenzeranno i prezzi dei vari asset.

Al momento della pubblicazione del dato, è consigliabile non concentrarsi esclusivamente sull'*analisi tecnica*, poiché le oscillazioni del prezzo possono infrangere le regole teoriche di quest'ultima.

Tabella:

In ultimo luogo, la tabella *"Cosa succede quando *l'indicatore economico* varia?"*, riporta le eventuali oscillazioni dei principali asset a cui l'indicatore è correlato

TASSO D'INTERESSE

Cos'è?

Rappresenta il costo del denaro e si tratta dello strumento principale delle banche centrali per modificare il tessuto economico, la quantità di moneta in circolazione e intervenire sull'inflazione. Il tasso di interesse varia in base al tipo di politica applicata: Durante politiche restrittive vedremo un aumento del tasso d'interesse. (che attirerà investitori stranieri). Durante politiche espansive vedremo una diminuzione del tasso. (che allontanerà investitori stranieri). Gli investitori verranno attirati solo se il rialzo è tempestivo, poiché se la banca ha temporeggiato, l'inflazione sarà aumentata e, il punto di partenza sarà più svantaggioso in quanto la deflazione sarà più duratura e più impattante.

Economia e speculazione

un aumento del tasso d'interesse generalmente, è considerato negativo per l'economia reale

una riduzione del tasso d'interesse generalmente, è ritenuto positivo per l'economia reale.

Date di pubblicazione?

BCE
i meetings del Consiglio Direttivo della BCE sono ogni 6 settimane.

FOMC
i meetings del (Federal Open Markets Committee) sono 8 volte l'anno

Cosa comporta la sua variazione?

Dati superiori al previsto	• (EURUSD) = il grafico scende perché EUR varrà meno di USD e mi serviranno meno dollari per comprare 1€ • (XAUUSD) = il grafico scende perché XAU varrà meno di USD e mi serviranno meno dollari per comprare l'oro
Dati inferiori alle attese	• (EURUSD) = il grafico sale perché EUR varrà più di USD e mi serviranno più dollari per comprare 1€ • (XAUUSD) = il grafico sale perché XAU varrà più di USD e mi serviranno più dollari per comprare l'oro.

Scannerizza il QR Code per vedere maggiori informazioni e andamento dell'indicatore.

DISOCCUPAZIONE

Cos'è?

È la forza lavoro in cerca di occupazione
Anche questo è uno strumento principale utilizzato dalle banche per prendere decisioni sulle politiche monetarie, per questo i trader usano questo indicatore per cercare di prevedere le azioni che, appunto, le banche possono prendere riguardo l'economia. Tassi di disoccupazione alti devono essere interpretati negativamente per la salute di un paese in quanto ci saranno più persone senza impiego. Viceversa tassi di disoccupazione bassi possono indicare l'avvio di una fase di stabilità e aumento della domanda. Tuttavia, il tasso di disoccupazione è un indicatore «lento» e, per questo, molti trader preferiscono affidarsi ad altri tipi di indici

Economia e speculazione

Ovviamente dati alti devono essere associati negativamente all'economia reale mentre valori bassi sono positivi per l'economia reale.

Date di pubblicazione?

Ricordiamoci che è un indicatore lento dato che Il rilascio dei dati avviene mensilmente.

Per accedere ai dettagli completi della pubblicazione e i dati recenti, utilizza il QR Code fornito a fine pagina.

Cosa comporta la sua variazione?

ESEMPIO		
Dati superiori al previsto	• (EURUSD) = il grafico sale perché EUR varrà più di USD e mi serviranno più dollari per comprare 1€ • (XAUUSD) = il grafico sale perché XAU varrà più di USD e mi serviranno più dollari per comprare l'oro.	
Dati inferiori alle attese	• (EURUSD) = il grafico scende perché EUR varrà meno di USD e mi serviranno meno dollari per comprare 1€ • (XAUUSD) = il grafico scende perché XAU varrà meno di USD e mi serviranno meno dollari per comprare l'oro	

Scannerizza il QR Code per vedere maggiori informazioni e andamento dell'indicatore.

RICHIESTA SUSSIDI

Cos'è?

Indica il numero di persone che, durante il periodo di riferimento precedente, hanno fatto richiesta dei sussidi di disoccupazione. È più «sensibile» rispetto al tasso di disoccupazione, poiché mostra quante persone hanno perso il lavoro e, per sopravvivere, hanno bisogno di ricorrere ai fondi assicurativi per la disoccupazione. Questo indicatore noto anche come (Sentiment della disoccupazione) viene in soccorso al tasso di disoccupazione, perché la sua pubblicazione avviene settimanalmente.

Questo indicatore tende ad essere fortemente impattante e, quando le persone ad aver fatto richiesta sono meno del previsto, è possibile che ne consegua un apprezzamento sul mercato della valuta di riferimento dagli investitori.

Economia e speculazione

Dati elevati indicano una maggiore quantità di persone senza lavoro, di conseguenza, dati alti sono da considerarsi negativi per l'economia reale e viceversa

Date di pubblicazione?

La pubblicazione settimanale avviene ogni giovedì alle 14:30 (CET)

Per accedere ai dettagli completi della pubblicazione e i dati recenti, utilizza il QR Code fornito a fine pagina.

Cosa comporta la sua variazione?

<table>
<tr><td rowspan="2" style="writing-mode:vertical-rl">ESEMPIO</td><td>Dati superiori al previsto</td><td>

- (EURUSD) = il grafico sale perché EUR varrà più di USD e mi serviranno più dollari per comprare 1€
- (XAUUSD) = il grafico sale perché XAU varrà più di USD e mi serviranno più dollari per comprare l'oro.

</td></tr>
<tr><td>Dati inferiori alle attese</td><td>

- (EURUSD) = il grafico scende perché EUR varrà meno di USD e mi serviranno meno dollari per comprare 1€
- (XAUUSD) = il grafico scende perché XAU varrà meno di USD e mi serviranno meno dollari per comprare l'oro

</td></tr>
</table>

Scannerizza il QR Code per vedere maggiori informazioni e andamento dell'indicatore.

NON FARM PAYROLL

Cos'è?

L'NFP ovvero la busta paga dei settori non agricoli, misura il cambiamento netto nel numero di posti di lavoro creati o persi in tutti i settori dell'economia statunitense, escludendo agricoltura, organizzazioni no profit, lavori domestici e impieghi pubblici.

Questo dato rappresenta un importante indicatore della salute economica e ha un impatto significativo sul mercato forex, in particolare sul valore del Dollaro Americano. Di conseguenza, l'NFP è uno dei market mover più influenti e viene attentamente monitorato dai trader per orientare le loro strategie di investimento sul mercato del cambio.

Economia e speculazione

Dati elevati, sono da interpretarsi positivamente per l'economia reale, in quanto nel periodo di riferimento, sono stati registrati un maggior numero di contratti lavorativi.

Date di pubblicazione?

La pubblicazione avviene ogni primo venerdì del mese alle 14.30 (CET)

Per accedere ai dettagli completi della pubblicazione e i dati recenti, utilizza il QR Code fornito a fine pagina.

Cosa comporta la sua variazione?

ESEMPIO		
Dati superiori al previsto	• (EURUSD) = il grafico scende perché EUR varrà meno di USD e mi serviranno meno dollari per comprare 1€ • (XAUUSD) = il grafico scende perché XAU varrà meno di USD e mi serviranno meno dollari per comprare l'oro.	
Dati inferiori alle attese	• (EURUSD) = il grafico sale perché EUR varrà più di USD e mi serviranno più dollari per comprare 1€ • (XAUUSD) = il grafico sale perché XAU varrà più di USD e mi serviranno più dollari per comprare l'oro.	

Scannerizza il QR Code per vedere maggiori informazioni e andamento dell'indicatore.

CONSUMER PRICE INDEX

Cos'è?

L'Indice dei Prezzi al Consumo (IPC) misura l'andamento dei prezzi dei beni e servizi acquistati dai consumatori, riflettendo l'inflazione e la domanda aggregata. È un indicatore importante per il mercato del Forex, influenzando le aspettative sui tassi di interesse. Il **IPC Core** esclude i beni volatili come cibo ed energia, offrendo una visione più stabile dell'inflazione di base. Entrambi gli indici sono essenziali per valutare l'andamento dell'inflazione e orientare le strategie di trading valutario.

Economia e speculazione

Dati bassi, sono positivi per l'economia reale. attenzione a non scendere eccessivamente, per evitare di cadere in deflazione che come sappiamo è una situazione peggiore dell'inflazione, così come l'iper-inflazione.

Date di pubblicazione?

La pubblicazione avviene mensilmente.

Per accedere ai dettagli completi della pubblicazione e i dati recenti, utilizza il QR Code fornito a fine pagina.

Cosa comporta la sua variazione?

Dati superiori al previsto	• (EURUSD) = il grafico scende perché EUR varrà meno di USD e mi serviranno meno dollari per comprare 1€ • (XAUUSD) = il grafico scende perché XAU varrà meno di USD e mi serviranno meno dollari per comprare l'oro.
Dati inferiori alle attese	• (EURUSD) = il grafico sale perché EUR varrà più di USD e mi serviranno più dollari per comprare 1€ • (XAUUSD) = il grafico sale perché XAU varrà più di USD e mi serviranno più dollari per comprare l'oro.

Scannerizza il QR Code per vedere maggiori informazioni e andamento dell'indicatore.

PRODUCTION PRICE INDEX

Cos'è?

Misura l'inflazione dei prezzi per i beni intermedi.
Il PPI considera tre aree di produzione: basate sull'industria, basate sulle materie prime e fase di lavorazione. Quando i produttori pagano di più per beni e servizi, hanno maggiori probabilità di trasferire costi maggiori al consumatore.

Economia e speculazione

Ovviamente, un aumento dei costi di produzione porterà ad un aumento dei prezzi dei prodotti, ciò sarà negativo per l'economia reale

Date di pubblicazione?

La pubblicazione avviene mensilmente

Per accedere ai dettagli completi della pubblicazione e i dati recenti, utilizza il QR Code fornito a fine pagina.

Cosa comporta la sua variazione?

Dati superiori al previsto	• (EURUSD) = il grafico scende perché EUR varrà meno di USD e mi serviranno meno dollari per comprare 1€ • (XAUUSD) = il grafico scende perché XAU varrà meno di USD e mi serviranno meno dollari per comprare l'oro.
Dati inferiori alle attese	• (EURUSD) = il grafico sale perché EUR varrà più di USD e mi serviranno più dollari per comprare 1€ • (XAUUSD) = il grafico sale perché XAU varrà più di USD e mi serviranno più dollari per comprare l'oro.

Scannerizza il QR Code per vedere maggiori informazioni e andamento dell'indicatore.

INDUSTRIAL PRODUCTION INDEX

Cos'è?

L'indice della produzione industriale, redatto dalla FED, misura l'attività economica nelle industrie manifatturiera, mineraria ed energetica, che rappresentano il 20% del PIL. Fornisce una visione chiara del livello di attività industriale di un paese, esclusa la produzione agricola, costruzioni, trasporti, comunicazioni, commercio, finanza, servizi, importazioni e spese governative. Rilasciato come variazione percentuale mensile, è strettamente correlato all'attività economica e può offrire ai trader indicazioni anticipate sui cambiamenti nel PIL.

Economia e speculazione

Valori alti sono sintomo di salute per l'economia reale e viceversa. Dati positivi rispetto alle aspettative sono segno di un'economia in maggiore salute rispetto a quello che si aspettavano i mercati e dunque si traduce spesso in un rafforzamento della valuta sui mercati internazionali.

Date di pubblicazione?

La pubblicazione avviene mensilmente

Per accedere ai dettagli completi della pubblicazione e i dati recenti, utilizza il QR Code fornito a fine pagina.

Cosa comporta la sua variazione?

ESEMPIO		
Dati superiori al previsto	• (EURUSD) = il grafico scende perché EUR varrà meno di USD e mi serviranno meno dollari per comprare 1€ • (XAUUSD) = il grafico scende perché XAU varrà meno di USD e mi serviranno meno dollari per comprare l'oro.	
Dati inferiori alle attese	• (EURUSD) = il grafico sale perché EUR varrà più di USD e mi serviranno più dollari per comprare 1€ • (XAUUSD) = il grafico sale perché XAU varrà più di USD e mi serviranno più dollari per comprare l'oro.	

Scannerizza il QR Code per vedere maggiori informazioni e andamento dell'indicatore.

PRODOTTO INTERNO LORDO

Cos'è?

È oil valore monetario totale di tutti i beni e servizi prodotti dall'economia di un paese nel trimestre di riferimento. È la misura più ampia di attività economica e un indicatore chiave della salute economica di un paese.

Economia e speculazione

Bassa disoccupazione e aumenti salariali le troviamo in un'economia sana poiché le imprese richiedono forza lavoro per soddisfare l'economia in crescita di conseguenza dati in rialzo saranno positivi per l'economia reale

Date di pubblicazione?

La pubblicazione avviene ogni 3 mesi.

Per accedere ai dettagli completi della pubblicazione e i dati recenti, utilizza il QR Code fornito a fine pagina.

Cosa comporta la sua variazione?

Dati superiori al previsto	• (EURUSD) = il grafico scende perché EUR varrà meno di USD e mi serviranno meno dollari per comprare 1€ • (XAUUSD) = il grafico scende perché XAU varrà meno di USD e mi serviranno meno dollari per comprare l'oro.
Dati inferiori alle attese	• (EURUSD) = il grafico sale perché EUR varrà più di USD e mi serviranno più dollari per comprare 1€ • (XAUUSD) = il grafico sale perché XAU varrà più di USD e mi serviranno più dollari per comprare l'oro.

Scannerizza il QR Code per vedere maggiori informazioni e andamento dell'indicatore.

FIDUCIA DEI CONSUMETORI

Cos'è?

Misurato dal Consumer Confidence Index Report (compilato mensilmente dal Conference Board) ed il Consumer Sentiment Index (compilato dall'Università del Michigan); calcolato attraverso un'indagine, la CCS Consumer Confidence Survey, che è condotta su un campione casuale di 5000 famiglie. Questo indice, con eventuali grandi differenze, può comunque essere impattante sui mercati.

Economia e speculazione

Bassa disoccupazione e aumenti salariali le troviamo in un'economia sana poiché le imprese richiedono forza lavoro per soddisfare l'economia in crescita di conseguenza dati in rialzo saranno positivi per l'economia reale

Date di pubblicazione?

La pubblicazione avviene L'ultimo martedì del mese alle ore 10,00 EST (alle 16,00 ora italiana)

Per accedere ai dettagli completi della pubblicazione e i dati recenti, utilizza il QR Code fornito a fine pagina.

Cosa comporta la sua variazione?

Dati superiori al previsto	• (EURUSD) = il grafico scende perché EUR varrà meno di USD e mi serviranno meno dollari per comprare 1€ • (XAUUSD) = il grafico scende perché XAU varrà meno di USD e mi serviranno meno dollari per comprare l'oro.
Dati inferiori alle attese	• (EURUSD) = il grafico sale perché EUR varrà più di USD e mi serviranno più dollari per comprare 1€ • (XAUUSD) = il grafico sale perché XAU varrà più di USD e mi serviranno più dollari per comprare l'oro.

Scannerizza il QR Code per vedere maggiori informazioni e andamento dell'indicatore.

VENDITE AL DETTAGLIO

Cos'è?

Misura le merci vendute nel settore della vendita al dettaglio e prende un campione di una serie di negozi al dettaglio in tutto il paese da Wal-Mart a imprese indipendenti di piccole città. Il rilascio può causare una volatilità del mercato superiore alla media.

Se la crescita del commercio al dettaglio è in stallo o in rallentamento, ciò significa che i consumatori non stanno spendendo ai livelli precedenti e potrebbe segnalare una recessione a causa del ruolo significativo che il consumo personale gioca nella salute dell'economia.

Economia e speculazione

Bassa disoccupazione e aumenti salariali le troviamo in un'economia sana poiché le imprese richiedono forza lavoro per soddisfare l'economia in crescita di conseguenza dati in rialzo saranno positivi per l'economia reale

Date di pubblicazione?

La pubblicazione avviene mensilmente

Per accedere ai dettagli completi della pubblicazione e i dati recenti, utilizza il QR Code fornito a fine pagina.

Cosa comporta la sua variazione?

Dati superiori al previsto	• (EURUSD) = il grafico scende perché EUR varrà meno di USD e mi serviranno meno dollari per comprare 1€ • (XAUUSD) = il grafico scende perché XAU varrà meno di USD e mi serviranno meno dollari per comprare l'oro.
Dati inferiori alle attese	• (EURUSD) = il grafico sale perché EUR varrà più di USD e mi serviranno più dollari per comprare 1€ • (XAUUSD) = il grafico sale perché XAU varrà più di USD e mi serviranno più dollari per comprare l'oro.

Scannerizza il QR Code per vedere maggiori informazioni e andamento dell'indicatore.

ALTRI INDICATORI IMPORTANTI

PCE

Il PCE (Personal Consumption Expenditures) è un indice utilizzato negli Stati Uniti per misurare i prezzi che i consumatori pagano per i beni e i servizi. È uno dei principali indicatori dell'inflazione monitorati dalla Federal Reserve (la banca centrale degli Stati Uniti) ed è considerato più completo rispetto all'indice dei prezzi al consumo (CPI, Consumer Price Index).

Il PCE, inoltre, include una gamma più ampia di spese di consumo, come gli acquisti dei consumatori rurali e governativi. l'IPC si concentra principalmente sui consumatori urbani.

PMI

Il Purchasing Managers' Index (PMI) è un indicatore economico chiave che riflette le aspettative dei responsabili degli acquisti riguardo all'industria manifatturiera. Basato su sondaggi mensili, anticipa tendenze di produzione e inflazione. Un aumento del PMI è visto come un segnale positivo per l'economia e il dollaro USA.

JOLTs

Il rapporto JOLTs (Job Openings and Labor Turnover Survey) offre una panoramica del mercato del lavoro negli Stati Uniti, includendo stime su offerte di lavoro, assunzioni e separazioni per settore non agricolo, industriale e per dimensione dell'azienda. Questo rapporto è fondamentale per capire la domanda di lavoro e le dinamiche di assunzione, influenzando analisi economiche e decisioni di politica monetaria.

ISM

L'ISM pubblica due indici fondamentali: l'ISM Manufacturing Index e l'ISM Services Index, che misurano l'attività economica nei settori manifatturiero e non manifatturiero degli Stati Uniti. Entrambi sono basati su sondaggi mensili condotti tra oltre 400 aziende e forniscono indicazioni sulla salute economica. Valori superiori a 50 segnalano crescita, mentre valori inferiori indicano una possibile contrazione. Questi indici sono considerati cruciali dagli analisti per prevedere tendenze economiche e influenzano significativamente il valore del dollaro USA.

PCE 

PMI 

JOLTs 

ISM 

ALTRI INDICATORI IMPORTANTI

ADP

L'ADP National Employment Report è un indicatore chiave del cambiamento nell'occupazione privata negli Stati Uniti. Si basa su dati retributivi aggregati e anonimi provenienti da circa 400.000 clienti commerciali. Pubblicato due giorni prima dei dati ufficiali sull'occupazione, l'ADP Report offre una stima anticipata dell'andamento dell'impiego nei settori non agricoli e può servire come indicatore predittivo per i dati governativi.

La variazione di questo indicatore può essere soggetta a una certa volatilità. Valori superiori alle aspettative sono generalmente considerati positivi per il dollaro USA (USD), mentre risultati inferiori possono indicare una debolezza economica e influenzare negativamente il valore del dollaro.

Scannerizza il QR Code per vedere maggiori informazioni e andamento dell'indicatore.

DISCLAIMER

Le mie note